ALCANZA EL ÉXITO EN TUS NEGOCIACIONES

Las claves para negociar de forma eficaz

Por Florence Schandeler

Traducido por Laura Bernal Martín

LAS CLAVES PARA EL ÉXITO

NEGOCIAR CON ÉXITO

- **¿Problemática?** ¿Cómo defender tus intereses teniendo en cuenta los de la parte contraria con el objetivo de lograr un compromiso satisfactorio, sólido y duradero?
- **¿Utilidad?** En un contexto tanto personal como profesional, saber llevar a buen término una negociación permite resolver un conflicto, cerrar acuerdos centrados en los intereses de las dos partes y reforzar los vínculos interpersonales con tus interlocutores.
- **¿Contexto profesional?** Relaciones profesionales, comunicación, argumentación, gestión de conflictos, etc.
- **¿Preguntas frecuentes?**
  - ¿Qué argumentos puedo utilizar para justificar la negociación?
  - ¿Qué reglas debo respetar para que la conversación sea constructiva?
  - ¿Cómo puedo saber si mi negociación ha sido un éxito?
  - ¿Cómo negociar sin parecer manipulador?
  - Mi interlocutor se muestra cerrado a todas mis tentativas de acuerdo, ¿qué debo hacer?
  - ¿Cuáles son las características de un buen negociador?

Cansados de una sociedad que detenta un poder unilateral y altamente jerarquizado, la mentalidad de la gente en estos últimos treinta años ha evolucionado hacia un creciente interés por los principios de negociación y de cooperación. La ley del más fuerte pertenece, sin duda, al pasado: para realizar un trabajo de forma eficaz y contar con energía positiva es necesario colaborar, crear juntos y escribir entre todos las reglas y los proyectos que marcan nuestro día a día. Esta tendencia se manifiesta tanto en el sector profesional como en nuestra vida privada.

De hecho, negociamos todos los días: para saber dónde pasaremos las próximas vacaciones de Navidad o la película que iremos a ver al cine; para obtener un aumento de sueldo o conseguir horarios más flexibles; para concertar un contrato favorable para las dos partes, etc. Aprender a expresar su punto de vista y a defenderlo respetando el de su interlocutor es primordial para salir de una negociación satisfechos y confiados.

Negociar es atreverse a afirmarse y plantear un punto de desacuerdo para mejorar su vida cotidiana o profesional. Igualmente, es plantearse un objetivo y un margen de maniobra para alcanzarlo. Finalmente, es intentar medir el riesgo y compararlo con el beneficio del cambio. En 50 minutos, descubrirás los desafíos de este proceso y las estrategias que se pueden aplicar para lograr el éxito en tus futuras negociaciones.

EL ABECÉ DE UNA NEGOCIACIÓN LLEVADA A CABO EFICAZMENTE

COMPRENDER LA NEGOCIACIÓN

Los elementos que la componen

La negociación está formada por dos elementos que la definen y la distinguen de cualquier otro acto comunicativo:

- una oposición;
- y un objetivo común.

La negociación enfrenta cara a cara a dos personas o a dos partes, cuyos intereses difieren en uno o varios aspectos. Al contrario de lo que sucede en un simple debate o en una conversación estéril, los protagonistas, empujados a alcanzar un consenso en aras de un interés común, se sientan alrededor de una mesa para llegar a un acuerdo.

El diálogo argumentativo que tiene lugar durante una negociación es, por ello, más complejo y más rico que el de una controversia en la que las partes se contentan con vociferar su opinión y soltar sus argumentos sin ni siquiera escuchar a su interlocutor. Por su voluntad de encontrar un acuerdo, los negociadores deben estar atentos a las necesidades y también a las demandas de la otra parte. Sin descuidar sus propios intereses, tienen que plantear una solución que satisfaga a las dos partes. Y ahí radica la dificultad de la tarea.

¿Cuándo y por qué negociar?

Con el fin de mejorar nuestra vida cotidiana, todos nos vemos obligados a negociar tanto en el día a día como en el ámbito laboral. Son varios los objetivos que pueden originar este proceso:

- resolver un conflicto (organizar un mejor reparto de las tareas del hogar entre los miembros de una familia, por ejemplo);
- modificar un contrato (como negociar un aumento salarial, una reducción de la jornada laboral o trabajar a tiempo parcial);
- mejorar una oferta (en el marco de una venta de un bien inmobiliario, el vendedor y el comprador deben llegar a un acuerdo sobre el precio);
- cerrar un acuerdo para mejorar una colaboración (un equipo de deporte y su principal patrocinador negociarán el dinero asignado en función de la ubicación y del tamaño del logo que los jugadores lleven en su uniforme).

Todas las partes tienen algo que ganar en la negociación, por lo que, más que mantenerse en sus posiciones, lo que tienen que hacer es comprometerse en el proceso con un espíritu de concordia. Pero antes de comenzar, conviene comprobar si el sacrificio realmente merece la pena. Por ejemplo, si quieres negociar un cambio de horario y tu empleador ya te ha aceptado uno que le habías pedido anteriormente, corres el riesgo de que interprete tu nueva solicitud como una eterna insatisfacción o como una señal de arrogancia, lo que le incitaría a dejar de examinar tus futuras peticiones.

Superar los prejuicios

En nuestras relaciones, actuamos en función de nuestras vivencias y de nuestras ideas preconcebidas. A partir de ahora, para que la negociación se desarrolle lo mejor posible, tenemos que mentalizarnos de antemano para percibir la imagen positiva del proceso, lejos de los estereotipos y los prejuicios que dominan nuestra conducta.

Qué es la negociación	Qué no es la negociación
• Participar en una decisión común. • Estar a la escucha. • Otorgarle crédito y valor a cada persona. • Encontrar un terreno de entendimiento en el que todos obtengan un beneficio. • Reforzar las relaciones de confianza y de colaboración entre las diversas partes.	• Someterse a la decisión de otros. • Ser influido por los demás. • Utilizar una relación de poder, el chantaje o fingir para imponer tu punto de vista. • Perder, pensando que llegar a un compromiso es admitir que se ha fracasado.

TIPOLOGÍA DE LA NEGOCIACIÓN Y JUEGOS RELACIONALES

La «negociación razonada»

Existen diferentes tipos de negociaciones. Roger Fisher (1922-2012) y William Ury (nacido en 1953), fundadores del Harvard National Project y especialistas en negociación, han elaborado el método de la negociación razonada o negociación integrativa (ganador-ganador).

«Consiste en resolver los conflictos "en profundidad" en vez de discutir interminablemente las concesiones que las partes presentes están dispuestas a consentir y aquellas que rechazan. Cuando sea posible, nos esforzaremos por buscar las ventajas mutuas y, cuando los intereses sean manifiestamente opuestos, insistiremos para que las cuestiones se resuelvan de acuerdo con un conjunto de criterios "justos", independientes de la voluntad de las partes presentes».[1] (Fisher y Ury 1985, 15).

La negociación razonada parte de cuatro principios:

- el objeto de desacuerdo debe ser tratado separándolo de las personas (que desempeñan un papel que hay que tener en cuenta y que deben mantener el tipo durante la conversación);
- la conversación debe concentrarse en los intereses de las dos partes y no en sus posiciones;
- es preferible imaginar una gran cantidad de soluciones potenciales en vez de centrarse en una sola;
- todos los participantes deben exigir que el resultado descanse sobre criterios objetivos y evaluables. Estos últimos se formularán de la siguiente manera: «La decisión será respetada cuando...»

El respeto de estos cuatro criterios nos garantiza mantenernos en el marco de una conversación racional que solo compromete el objeto del debate y no la reputación de las personas, y que tiende a encontrar una solución concreta y favorable a las dos partes. La ventaja de esta postura es que

---

1. Cita traducida por 50Minutos.es

le evita a los participantes tener que situarse en una posición que les costaría abandonar por miedo a verse en la obligación de admitir una derrota parcial o a tener la impresión de perder su prestigio. La negociación tiene más posibilidades de finalizar si se parte de aquello que ambas partes pueden aceptar y si se buscan puntos de interés comunes, que si se ponen de relieve los puntos de discordia.

Esta técnica es ideal para obtener un resultado que satisfaga a las dos partes, ya que no pretende satisfacer plenamente las reivindicaciones de ambos bandos (lo que sería imposible), sino que más bien intenta lograr un acuerdo equitativo después de una conversación respetuosa. Sus dos especialistas contraponen a este método el de la negociación distributiva (o competitiva) en la que cada parte intenta maximizar sus ganancias sin tener en cuenta las necesidades de la otra. Es una situación ganador-perdedor, o incluso perdedor-perdedor si la negociación fracasa.

Ilustremos este tipo de negociación con un ejemplo: un empleado (E) trabaja desde hace varios años en el mismo banco al servicio del centro de contacto. Su superior (S) está muy contento con su trabajo y le considera uno de sus trabajadores más eficaces del departamento. Sin embargo, el asalariado ya no se siente realizado en su trabajo y le gustaría trabajar en una agencia para tener un contacto más directo y personalizado con sus clientes. Su responsable no se muestra interesado en seguida en acceder a su petición: la experiencia del empleado en su puesto hace que sea muy competente. Si se le cambia de puesto, tendrá que encontrar a una persona tan cualificada como él para reemplazarlo...

Para su superior, es una inversión financiera. No obstante, si el mánager se mantiene en su postura, tiene más que perder que si acepta la solicitud de su trabajador, como nos muestra el esquema a continuación. Al aplicar una negociación razonada y al tener en cuenta los objetivos de cada uno, la conversación tiene más posibilidades de cerrarse con una solución aceptable para ambas partes.

Puesta en situación de la negociación razonada

Sea cual sea el tema del debate, recuerda que todo interviniente, independientemente de su cultura o de su toma de partido en el debate, actuará con el objetivo de proteger sus necesidades fundamentales, que son:

- un deseo de seguridad;
- la voluntad de vivir con un bienestar económico;

- la importancia de su pertenencia a una comunidad (al cuerpo de su profesión, a su posición en la empresa, a su familia...);
- la necesidad de sentirse libre y dueño de sus elecciones.

¿Cooperación o relación de poder?

La negociación razonada es esencialmente cooperativa porque su objetivo es llegar a un acuerdo común y recíproco. Invita a los protagonistas a escucharse y a comprenderse para llegar juntos a una solución favorable para todos.

Sin embargo, como en toda relación humana, la existente entre los protagonistas puede ser asimétrica, lo que introduce en la ecuación una relación de poder. Según Lionel Bellenger (especialista en gestión de empresas, nacido en 1947), existen seis tipos de influencias que condicionan los vínculos entre los participantes durante una negociación:

- jerárquica (diferencia de rango en la empresa);
- en número (cuando una de las soluciones contenta a la mayoría);
- de orden coyuntural (preponderancia de una empresa en el mercado);
- fruto de la competencia (presencia de un experto en el tema que se negocia o de una persona con más experiencia profesional);
- de origen natural (frente a una personalidad carismática);
- de origen cultural (la autoridad de los mayores en ciertos ámbitos).

En vistas a todos estos parámetros, parece evidente que la relación entre los negociadores no suele ser neutra. Por ello, es necesario poder analizar y tener en cuenta esta relación de poder que determina en parte el desarrollo de la conversación. Si dicha relación está muy desequilibrada, es muy probable que el acuerdo se incline naturalmente a favor de la parte que se considere superior. No obstante, recordemos que ponemos en marcha una negociación para que todos obtengan un beneficio, y que una conversación basada solo en relaciones de fuerza solo va a generar conflictos. Incluso cuando existe un desequilibrio de fuerzas, la negociación está ahí para encontrar una solución creativa y colaborativa que permita que todas las partes se beneficien y que se impliquen en las decisiones que se tomen.

De esta forma, un adolescente sometido a la autoridad de sus padres hará de buen grado las tareas del hogar si ha podido negociar de antemano que le dejen salir el viernes por la noche, en vez de sentirse encerrado injustamente en su casa. Asimismo, un empleado se implicará más en su trabajo si puede aportar su granito de arena a la construcción de los proyectos y a la organización de la empresa, en vez de limitarse a todas las reglas que aparecen en su contrato.

LAS EXIGENCIAS DE LA NEGOCIACIÓN

Negociar consiste en aceptar incluir a terceros en la toma de una decisión que nos incumbe. Por ello, y para que la negociación sea constructiva y satisfactoria para todos, hay que aceptar:

- no tener el control absoluto de la situación;

- sufrir una cierta tensión, causada necesariamente por el desacuerdo y proporcional a la divergencia de intereses;
- tener que defender sus intereses frente a un interlocutor;
- no lograr siempre los objetivos fijados;
- someterse a ciertas normas para que la conversación sea sincera y respete las opiniones y los intereses de todos.

Perfil de los negociadores

En una conversación grupal, adoptamos papeles en función de nuestra personalidad y de nuestra implicación en el debate. Así, cada negociador actúa según su carácter, sus fortalezas y sus debilidades, y procede según una determinada dinámica dependiendo de los elementos y de las circunstancias.

Mediante estas variables, cada participante adoptará, consciente o inconscientemente, una o varias posiciones en el debate. En su obra *Les fondamentaux de la négociation*, Lionel Bellenger destaca diez tipos de papeles:

- **el líder**, que encabeza la conversación. El grupo le sigue y habla en su nombre;
- **el regulador**, que actúa como animador del grupo. Distribuye los turnos de palabra y reformula las proposiciones para marcar un avance en la conversación;
- **el seguidor**, el que se deja llevar por la zona de influencia general y aprueba las decisiones del grupo;

- **el rebelde**, que rechaza y objeta las ideas del grupo y que, por tanto, pone en peligro el objetivo de este;
- **el litigioso**, que adopta el papel de policía. Recuerda las normas y vela por que la orden del día se respete;
- **el experto**, que posee la experiencia o los conocimientos para cobrar autoridad en el tema sobre el que se negocia;
- **el ingenuo**, es decir, el falso inocente, que pregunta para que se expliciten las ideas del grupo;
- **el arreglador**, que siempre busca un compromiso. Su objetivo es preservar la armonía del grupo, corriendo el riesgo de proponer soluciones complejas para contentar a todos los participantes;
- **el productor**, que se muestra activo y positivo en la colaboración. Propone ideas sin imponerlas;
- **el obstructor**, que está decidido a perturbar al grupo, a impedir que avance y que tiende a paralizarlo.

Al observar las posturas que se adoptan en un grupo, comprendemos que hay algunas actitudes que facilitan llegar a una decisión colectiva, mientras que otras la ponen a prueba. En esta situación, el éxito de la negociación descansa en la fuerza de los líderes del grupo y en la capacidad que tienen todos los participantes para identificar el objetivo y querer alcanzarlo.

PREPARARSE

Preparar una negociación es una etapa esencial: ¡llegar con las manos en los bolsillos y con tu confianza como única arma es la mejor forma de fracasar! Esta etapa te lleva a definir el objetivo que hay que negociar y los retos que apoyan a este acto comunicativo, así como a elaborar una estrategia para alcanzar tus objetivos.

Diagnóstico

La fase de diagnóstico es imprescindible y necesaria en toda negociación. Tienes que estudiar el objetivo que hay que negociar y la situación, e informarte sobre los diversos actores y los intereses que defenderán ante ti a lo largo de la conversación. Para ello, infórmate sobre los puntos fuertes y las debilidades de la parte contraria, sobre sus necesidades y sobre sus objetivos. Investiga también lo que propone la competencia para poder adaptarte dado el caso. Todos estos datos serán ventajas en tu argumentación.

Objetivos

Una vez sentadas las bases (después de definir lo que debatirás y con quién), tienes que centrarte en tus objetivos y en los medios para alcanzarlos. Si empiezas una negociación sin saber lo que quieres obtener de ella, volverás con las manos vacías.

Por ello, se trata de determinar tu margen de maniobra, así como tu «MAAN» (Mejor Alternativa a un Acuerdo Negociado). Para trazar tu margen de maniobra o «Zona de Acuerdo Posible» (ZAP), analiza la situación planteándote las siguientes preguntas: «¿A qué puedo aspirar? ¿Qué puedo ganar en este diálogo?». A continuación, establece tu posición más favorable (PMF), es decir, la situación de victoria inesperada, y tu posición menos favorable, que representa el menor beneficio aceptable, el «algo es algo». La distancia entre ambas es tu ZAP. Demuestra precisión avanzando cifras, por ejemplo, sobre todo en el marco de una solicitud de ascenso.

En caso de que la parte contraria no haga ninguna concesión, prepárate para rechazar sus propuestas. Para conocer tu punto de ruptura, aquel en el que tienes que presentar tu rechazo, determina tu MAAN (o BATNA, del inglés *Best Alternative To a Negotiated Agreement*). Fischer y Ury (en su obra *Comment réussir une négociation*) la definen como la mejor alternativa posible al margen de la negociación.

Tomemos el ejemplo de dos empleados que piden cambiarse de equipo. El primero quiere cambiar porque existen algunas tensiones con las que tiene que lidiar en el día a día y que le resultan molestas; el segundo parece que ya no soporta más trabajar con compañeros que le hostigan y corre el riesgo de sufrir un burnout si la situación continúa así. Para el primer trabajador, la MAAN sería seguir en el equipo, porque podría lograr adaptarse a él. Para el segundo, la MAAN sería retirar del equipo al trabajador que demuestre un peor comportamiento.

Por lo tanto, la definición de MAAN es inherente al análisis de cada situación: ¿qué podemos aceptar, a qué podemos adaptarnos en tal o cual contexto? Finalmente, si no se encuentra ninguna solución al final de la negociación, puedes realizar un repliegue táctico y proponer retomar la conversación tras un periodo de reflexión de ambas partes, o sobre un elemento de debate nuevo.

Definir los distintos objetivos

PMF (posición más favorable)	Mejor oferta (a menudo poco realista). Intentar vanagloriarse para maximizar los beneficios.
Riesgo de ruptura	
PF (posición favorable)	Oferta esperada o tope (realista).
PI (posición intermedia)	Objetivo: evitar el límite => gestión del margen bajando progresivamente la PF
Límite	Oferta de reserva o mínima.
Línea de ruptura => «MAAN»	
Táctica de repliegue	Fracaso de la negociación → postergar la negociación para tener tiempo para reflexionar o aportar un elemento nuevo.

DEFINIR LO QUE NO ES NEGOCIABLE

Tanto en la vida cotidiana como en el mundo laboral, no todo es negociable. Para no correr el riesgo de sentirse gravemente ofendido o de destruir la relación existente entre los trabajadores que atraviesan un desacuerdo pasajero, es bueno recordar que en ningún caso se negocia con:

- las normas y los valores éticos;
- el reglamento establecido por una norma social;
- las convenciones y las prohibiciones establecidas jurídicamente (leyes).

Logística

En el caso de que te encargues de la organización del debate, asegúrate de convocar a las diferentes partes:

- en un lugar determinado y adaptado (posibilidad de aislarse y de estar tranquilos);
- preparado para la ocasión (material necesario y ubicación de los protagonistas en torno a una mesa);
- y según un horario bien establecido (hora de inicio y duración asignada a la conversación).

NEGOCIAR HASTA LLEGAR AL ACUERDO ESCRITO

Las buenas actitudes

El motor de todo participante es, por supuesto, la voluntad de llegar a un acuerdo, que es el objetivo principal de la negociación. Por ello, durante la negociación todos deben actuar de acuerdo a dos vías:

- afirmar su posición durante la discusión explicitando sus intereses y argumentando para motivar su punto de vista;
- escuchar a su interlocutor evitando contestar o juzgar de inmediato sus argumentos. Intenta ponerte en su lugar para evitar tener una actitud proyectiva (en la que comparamos nuestros intereses propios con los intereses comunes) y comprender y aceptar así las distintas opiniones.

Si estás preparado para la idea de compromiso o de consenso y si te concentras en el interés que te aportaría una negociación culminada con éxito, lograrás canalizar tus acciones para dirigirlas hacia lo esencial del debate y que tus intereses coincidan con los de la otra parte. Para que una negociación sea constructiva, adopta las siguientes actitudes:

- establece una relación antes de la negociación. Para ello, concierta un tiempo de palabra inicial para que cada uno pueda expresar libremente su punto de vista sin ser juzgado y sin que su percepción sea rebatida o desmentida;
- muestra señales de aceptación y de reconocimiento cuando el otro hable;
- incita a tu interlocutor a definir concretamente sus expectativas. No dudes en pedirle que precise si hay algo que no entiendes;
- analiza y mide los riesgos y las consecuencias de las decisiones que tome cada uno;
- al final de la negociación, haz balance de los fracasos y de los triunfos y destaca lo que ha funcionado, lo que ha sido positivo y negativo en el diálogo.

Recurre a un mediador si crees que la negociación será problemática. Al observar la situación desde un punto de vista objetivo, este podrá ayudarte a suavizar las tensiones y a tener en cuenta los intereses de todos para llegar finalmente a un compromiso aceptable.

Los finales posibles

Al término de la conversación colectiva, podemos llegar a cuatro resultados diferentes que es necesario plantearse antes de iniciar una negociación y a los cuales habrá que darle un seguimiento.

- En el primer caso específico, la negociación fracasa y la conversación acaba en un **desacuerdo**. Este puede percibirse como:
  - objetivo, si los negociadores coinciden en el hecho de que no se pueden poner de acuerdo;
  - conflictivo, cuando la negociación ha salido mal (ataques personales, humillación de un interlocutor);
  - diferido, cuando las partes han decidido aplazar las decisiones que hay que tomar.
- En segundo lugar, la negociación puede acabar en una **concesión.** Esto significa que una de las dos partes presentes ha cedido en un punto sin obtener algo en contrapartida. En este caso, nos enfrentamos a un escenario en el que hay un ganador y un perdedor.
- El **compromiso** es la tercera posibilidad. En este caso, las dos partes han hecho concesiones para lograr un acuerdo común en el que se garanticen los principales intereses de cada uno.
- Último escenario posible: la negociación es un éxito absoluto y la solución que se ha encontrado en conjunto le viene bien a todas las partes. En este caso, nos encontramos ante un **consenso**.

No todo se acaba con el acuerdo cerrado al término de la negociación. Ahora conviene asegurarse de que las diferentes partes lo respetarán. Para ello, es útil registrar por escrito las implicaciones del acuerdo (que responden a las preguntas expuestas en la siguiente tabla) y de ofrecerle un ejemplar a todos los firmantes para que sean conscientes de las medidas y de los trámites que hay que realizar para respetar su palabra.

La post-negociación

¿Quién? ¿A qué personas les concierne el acuerdo?	
¿Qué? ¿Qué implica concretamente el acuerdo (en términos de modificación de comportamientos o de acciones que hay que llevar a cabo)?	
¿Dónde? ¿Cuándo? ¿En qué lugar y en qué contexto se aplica el acuerdo?	
¿Cómo? ¿Qué indicadores nos muestran que el acuerdo se respeta correctamente?	

LOS MEJORES CONSEJOS

- **Atrévete a autoafirmarte**. La confianza en uno mismo, en sus puntos fuertes y en sus motivaciones es un factor importante para tener éxito en una negociación. Para prepararte para defender tu posición en el seno de un debate, redacta, preferentemente por escrito (para poder así definir lo mejor posible las implicaciones de tu argumentación) una lista con lo que está en juego, con los intereses que defiendes y con los argumentos que los sostienen. Antes de convencer a tu interlocutor, tus palabras tienen que convencerte también a ti.

- **Haz preguntas**. El planteamiento de preguntas es una herramienta que te permite construir la conversación y llevar la reflexión hacia un terreno más concreto y explícito. En todas las fases de la negociación, desde la preparación hasta el resultado final, hazte preguntas tanto a ti mismo como a tu interlocutor: «¿Qué elementos quiero que cambien después de esta conversación? ¿Por qué? ¿Cuáles son concretamente mis intereses para llegar a un acuerdo y cuáles los de la otra parte? ¿Qué consecuencias tendrá esta decisión en mi trabajo?». Es indispensable que cada parte mida los intereses y los beneficios de las proposiciones que surjan a lo largo del debate.

- **Nunca pierdas de vista tu objetivo**. La mejor manera de no obtener nada en la negociación es olvidarte de lo que quieres obtener en la misma... Una conversación sin orden ni concierto puede llevarte de un tema a otro y hacer que te distraigas con rapidez. Para no perder de vista el objetivo por el que estás ahí, ten siempre en mente tu objetivo. Si te da miedo olvidarlo, anótalo en un papel. Al colocarlo delante de ti te ayudará a reorientar el debate cuando este se aleje del buen camino.

- **Investiga y explicita los intereses comunes**. Un debate de fuerza, en el que cada parte intente beneficiarse y rechace ceder ante el riesgo de perder prestigio, tiene muchas posibilidades de ser en vano. Para empezar sobre buenas bases, haz una lista con los intereses comunes de las dos partes antes de anotar los puntos de divergencia y las necesidades de cada uno. Tendrás más posibilidades de desembocar en un resultado positivo tras haber presentado las ventajas que tiene llegar a un acuerdo con los demás.
- **Piensa en soluciones originales**. Es posible que, al término de la conversación, no surja ninguna solución adecuada. Por ello, intenta abrir tu campo de posibilidades presentando ideas nuevas, innovadoras y originales. Podrían gustarle a tu interlocutor o permitirle cobrar impulso a partir de ellas.
- **Practica la escucha activa**. Al contrario de lo que sucede con una controversia en la que todos permanecen inflexibles, en una negociación es necesario saber tener en cuenta el punto de vista de los demás. Para ello, opta por una escucha activa hacia los demás al:
  - animar la discusión mediante una actitud benevolente (evita interrumpir su turno de palabra, por ejemplo);
  - plantea preguntas abiertas para que pueda explicar sus expectativas y sus necesidades;
  - reformula los argumentos empleados para comprobar que se han comprendido bien.

Estas tres etapas son esenciales para tener en cuenta la palabra de la otra parte y evitar interpretarla mediante de nuestro pensamiento proyectivo, que reformula las ideas de los demás a través de nuestro propio punto de vista.

- **No te olvides de la importancia de la benevolencia entre los participantes**. La negociación es una colaboración que exige la escucha y un mínimo de entendimiento entre los participantes para estimular las ganas de llegar a un compromiso. Por ello, se da por hecho que la conversación tiene que transcurrir en un ambiente amable y basarse en el respeto mutuo. Si una parte es despreciada y juzgada en sus intervenciones, no podrá mostrarse sincera cuando enumere sus expectativas y sus intereses y sentirá que la solución propuesta le perjudica. Como consecuencia, se mostrará reticente a aceptarla y no le parecerá interesante respetar las líneas de conducta marcadas por la negociación, que no habrá servido para nada.

- **Vela por que haya equilibrio entre ambas partes**. La negociación es un proceso de decisión constructiva que estimula y enriquece la colaboración entre colegas o entre socios. Si bien es cierto que en un debate sobre un desacuerdo podemos encontrarnos con el caso específico de un ganador que ha obtenido lo que deseaba frente a un perdedor que ha tenido que realizar muchas concesiones para solucionar el problema, es necesario velar por no multiplicar y sistematizar este caso particular. Una colaboración en la que las concesiones no son mutuas y en la que los intereses de los que cada uno parte no se respetan o se cuestionan constantemente no llegará demasiado lejos.

- **Tómate el tiempo necesario y persevera**. Es poco probable que tu negociación culmine en una franca victoria después de diez minutos. La negociación es un proceso que requiere tiempo y paciencia. Si quieres despachar el asunto en un abrir y cerrar de ojos, la parte contraria tendrá la impresión de que no la tomas en serio y se inclinará menos a aceptar un acuerdo.

- **Pide más**. Si solo haces una petición, corres el riesgo de que sea rechazada. Sin embargo, si transmites varias, las posibilidades de que al menos una sea aceptada aumentan.

PREGUNTAS FRECUENTES

¿QUÉ ARGUMENTOS PUEDO UTILIZAR PARA JUSTIFICAR LA NEGOCIACIÓN?

Podemos citar algunas de sus ventajas:

- le otorga a todos un poder de decisión y responsabiliza así a las partes presentes sobre la decisión que el grupo apoya;
- forma parte de un aprendizaje sobre la vida en la sociedad y en la empresa;
- transmite valores de apertura, de escucha, de tolerancia y de creatividad;
- simboliza la democracia y representa una barrera contra el abuso de poder;
- incita a la colaboración y permite reforzar los vínculos interpersonales;
- bien orientada, garantiza una toma de decisión de calidad, ya que se consideran y se confrontan opiniones diversas.

¿QUÉ REGLAS DEBO RESPETAR PARA QUE LA CONVERSACIÓN SEA CONSTRUCTIVA?

Para instaurar un clima agradable y favorable a la conversación, sigue algunos consejos:

- cuida el reparto del tiempo de los turnos de palabra. Todo el mundo tiene que tener la ocasión de expresarse libremente, siendo siempre consciente del lugar que ocupa en

la conversación;
- ten en cuenta y mantente abierto a los puntos de vista de los demás, porque de no ser así la discusión sería un diálogo de sordos;
- muestra una visión participativa de la confrontación. En lugar de iniciar la conversación exponiendo lo que cada uno quiere obtener y, por tanto, indicando la divergencia de opiniones, parte de los puntos de convergencia y del objetivo común;
- cada participante debe lograr explicitar y demostrar la legitimidad de su punto de vista;
- presta atención a tu lenguaje corporal. Muéstrate sonriente, acogedor, mira a tu interlocutor a los ojos y habla con calma;
- comprométete a llegar a una decisión colectiva aceptando escuchar a la otra parte, cuestionar tu punto de vista y cambiar de opinión para tener en cuenta la realidad del debate.

¿CÓMO PUEDO SABER SI MI NEGOCIACIÓN HA SIDO UN ÉXITO?

Existen cuatro preguntas concretas que te permitirán saber si la negociación ha sido un éxito.

	Éxito	Fracaso
¿La negociación ha permitido llegar a un resultado, a un acuerdo (consenso o compromiso)?	Sí	No
¿La negociación responde a los intereses legítimos de las dos partes y le permite resolver los conflictos de interés de manera equitativa?	Sí	No
¿La negociación compromete a las personas implicadas en la decisión?	No	Sí
¿El acuerdo que se ha establecido como resultado de la negociación tiene en cuenta los intereses de la comunidad y es viable a largo plazo?	Sí	No

¿CÓMO NEGOCIAR SIN PARECER MANIPULADOR?

La diferencia fundamental entre un negociador y un manipulador reside en la consideración que se le otorga al interlocutor. Mientras que un manipulador actúa en detrimento de este último, el negociador intentará muy a menudo buscar soluciones beneficiosas para ambas partes.

Es importante recordar que siempre interaccionamos con una persona que busca recibir y no dar. Por ello, para que la estrategia de negociación sea duradera, debes encontrar la manera de que a tu interlocutor le parezca interesante aceptar tu propuesta.

MI INTERLOCUTOR SE MUESTRA CERRADO A TODAS MIS TENTATIVAS DE ACUERDO, ¿QUÉ DEBO HACER?

Incluso si presentas una argumentación sólida, puede que tus tentativas de acuerdo caigan en saco roto. Tu interlocutor no da el brazo a torcer, le resulta inconcebible aceptar cualquiera de tus peticiones. Ante un rechazo tan categórico, es importante comprender el porqué de su postura:

- no puede aceptar tu petición por razones que van más allá de él y que están fuera de su control. En ese caso, es inútil insistirle a alguien que no tiene el poder de concederte lo que deseas;
- puede que actualmente no esté en buenas condiciones para responderte positivamente. Está desbordado por el trabajo y estresado por culpa de los plazos, por lo que no tiene tiempo para examinar tu petición. En ese caso, siempre puedes proponer entregarle un informe escrito de tu petición o volver a hablar en un momento más oportuno;
- también puede ocurrir que no tenga verdaderos motivos para decirte que no. En este último contexto, intenta orientar el debate sobre el interés que podría tener para él llegar a un acuerdo contigo en relación con su situación actual.

Si la respuesta sigue siendo negativa, y con el objetivo de entender a tu interlocutor y de insistir en tu demanda, cierra la conversación con estas preguntas: «¿Qué falta para que tu respuesta sea positiva?», «¿Bajo qué condiciones podrías haber aceptado mi petición?».

¿CUÁLES SON LAS CARACTERÍSTICAS DE UN BUEN NEGOCIADOR?

- El buen negociador se prepara y toma distancia en relación a la situación que tiene que negociar. Como hemos visto, una negociación exitosa descansa en una buena preparación del encuentro. Un negociador eficaz habrá estudiado de antemano las implicaciones de sus propuestas y habrá anticipado la argumentación de la otra parte.
- Respeta a las personas pero se mantiene firme en sus objetivos. Un negociador eficaz sabe distinguir lo profesional de lo personal. Por múltiples razones, puede darse el caso de que la negociación entre dos colegas o entre un empleado y su jefe fracase. Sin embargo, esto no significa que el vínculo entre las dos personas tenga que cambiar. Si marcamos límites a la discusión y si no cuestionamos nunca a la persona como tal (al no formular ningún comentario sobre su personalidad o sobre su identidad), negociaremos en un marco estricto y preciso, y la relación podrá preservarse.
- Percibe a su interlocutor como un socio. Negociar no es pelear como en un combate de boxeo. Idealmente, una negociación concluye con dos victorias y por tanto carece de perdedor. En este marco, el negociador tiene que ver al otro no como un adversario, sino como un aliado.
- Finalmente, después de una conversación un buen negociador siempre se tomará el tiempo de resumir los puntos positivos de la misma recordando lo que las dos

partes han ganado con el acuerdo y destacando el interés que tienen por concretizar sus promesas. De esta forma, concluye con un diálogo positivo.

¡AHORA ES TU TURNO!

ESTABLECER UN ORDEN DEL DÍA PARA LA FUTURA NEGOCIACIÓN

Para ayudarte a mantener el rumbo en la negociación, define el tema que se tratará y los objetivos de la reunión.

Orden del día

Tema de la negociación :
....

Fecha de la reunión : Hora : Duración : Lugar :	Participantes : • • • •
Objetivo de la negociación: ¿en qué puntos hay que llegar a un acuerdo?:	
Resumen de las decisiones adoptadas por el grupo (rellenar durante la reunión):	

FICHA DE PREPARACIÓN PERSONAL PARA LA NEGOCIACIÓN

A continuación, para prepararte personalmente, rellena la siguiente ficha.

Ficha de preparación personal

<table>
<tr><td colspan="2" align="center">Tema de la negociación :
....</td></tr>
<tr><td colspan="2">Mis objetivos al final de esta negociación :
....
....</td></tr>
<tr><td>Las necesidades que apoyan mis objetivos (¿por qué necesito alcanzar estos objetivos?):
....
....
....
....</td><td>Mis argumentos (¿cómo defiendo mis objetivos?):
....
....
....
....</td></tr>
<tr><td colspan="2">Mi margen de maniobra o zona de acuerdo posible (ZAP):
• Posición más favorable : ....
....
• Posición favorable :..
....
• Límite :...
....</td></tr>
</table>

¡Tu opinión nos interesa!
¡Deja un comentario en la página web de tu librería en línea,
y comparte tus favoritos en las redes sociales!

PARA IR MÁS ALLÁ

FUENTES BIBLIOGRÁFICAS

- Bellenger, Lionel. 2004. *Les fondamentaux de la négociation. Stratégies et tactiques gagnantes.* París: ESF éditeur.
- Boutty d'Antin, Martine, Gérard Pluyette y Stephen Bensimon. 2003. *Art et techniques de la négociation.* París: Jurisclasseur, colección *Pratique professionnelle.*
- Dupont, Christophe. 1990. *La négociation. Conduite, théorie, applications.* París: Dalloz.
- Fisher, Roger y William Ury. 1982. *Comment réussir une négociation.* París: Seuil.
- Moyson, Roger. 1997. *Communiquer dans l'entreprise et dans la vie. Négociation, collaboration et tolérance.* Bruselas: De Boeck Université, colección *Le management en pratique.*

FUENTES COMPLEMENTARIAS

- Aussant, Isabelle. 2015. *Comment négocier son salaire? Entre embauche et promotion,* Bruselas: Lemaitre Publishing.
- Beauvois, Jean-Léon y Robert-Vincent Joule. 2014. *Petit traité de manipulation à l'usage des honnêtes gens.* Grenoble: PUG.
- Bellenger, Lionel. 2004. *La boîte à outils du négociateur. Les meilleurs techniques pour questionner, argumenter, réfuter.* París: ESF éditeur.
- Lempereur, Allain y Aurélien Colson. 2010. *Méthode de

négociation. On ne naît pas bon négociateur, on le devient. París: Dunod.

¡APRENDER NUNCA ANTES FUE TAN RÁPIDO!

www.en50minutos.es